Mein großes Wimmel- und Wörterbuch

Pferde und Ponys

Die Bilder hat gemalt
Anne Ebert
und den Text hat geschrieben
Imke Rudel

CARLSEN

Auf der Koppel

Pferde und Ponys brauchen viel Bewegung. Eine Koppel ist eine umzäunte Weide, auf der sie Auslauf, frische Luft und saftiges Futter haben. Findest du das Schaukelpferd?

Frau Lang und Herr Rund suchen nach einem Pferd, das zu beiden passt. Da Herr Rund nicht nur rund, sondern auch klein ist, und Frau Lang nicht nur lang, sondern auch dünn, scheint die Suche aussichtslos ...

Die Katze Josefine will die Mäuse fangen. Auf leisen Pfoten schleicht sie durch das Buch.

Der rote Ballon hat einen wichtigen Brief dabei. Für wen der wohl ist?

Das Schaukelpferd wäre so gern schon groß: Im Galopp reitet es über Stock und Stein.

Die Mäuse sind flink, schnell huschen sie vor der Katze davon.

Dieses
Wimmel- und Wörterbuch gehört:

____

1 2 3 4 11 10 09

Illustration: Anne Ebert
Text: Imke Rudel
Konzept der Reihe: Sandra Ladwig
Lektorat: Cordula Thörner
Herstellung: Steffen Meier
Lithografie: Margit Dittes Media, Hamburg
Druck und Bindearbeiten: Zanardi, Italy
ISBN: 978-3-551-07209-2
Printed in Italy
www.carlsen.de

die Trauerweide
der Unterstand
die Futterkrippe
der Elektrozaun
der Hengst
die Stute
das Gras
füttern
der Zaun
das Gatter
das Gänseblümchen

Viele verschiedene Pferde

Kaltblüter sind geduldige, schwere und starke Pferde, die meist als Zug- und Arbeitspferde eingesetzt werden.

Vollblüter sind sehr feinfühlige Pferde mit viel Temperament. Rennpferde sind fast immer Vollblüter.

Warmblüter sind eine Mischung aus Vollblütern und Kaltblütern. Sie sind ausdauernd und lebhaft. Warmblüter sind beliebte Reitpferde.

Ponys werden auch Kleinpferde genannt. Sie messen vom Boden bis zum Widerrist höchstens 1,48 Meter. Der Widerrist ist die Stelle, wo der Hals des Pferdes endet und der Rücken beginnt. Die Größenangabe wird bei Pferden – wie bei allen Vierbeinern – Stockmaß genannt.

Die Pferderassen

Es gibt viele unterschiedliche Kaltblüter, Warmblüter, Vollblüter und Ponys. Man nennt sie Pferderassen. Wo ist der rote Luftballon? Und was macht Picco?

der Brabanter
das Camargue-Pferd
das Dartmoor-Pony
der Friese
der Haflinger
der Hannoveraner
das Shire Horse
der Trakehner
das Shetland-
Pony

Von Kopf bis Huf

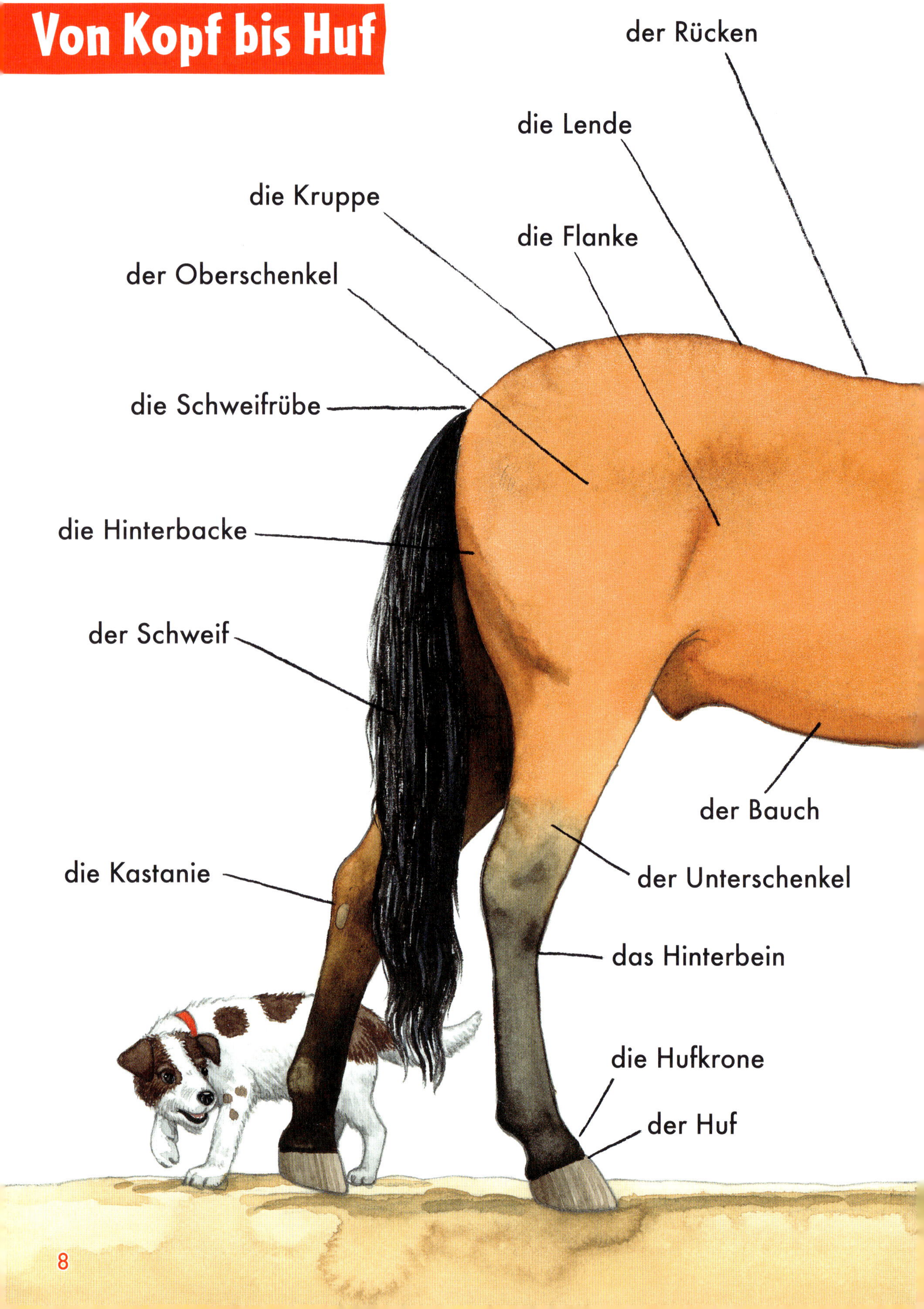

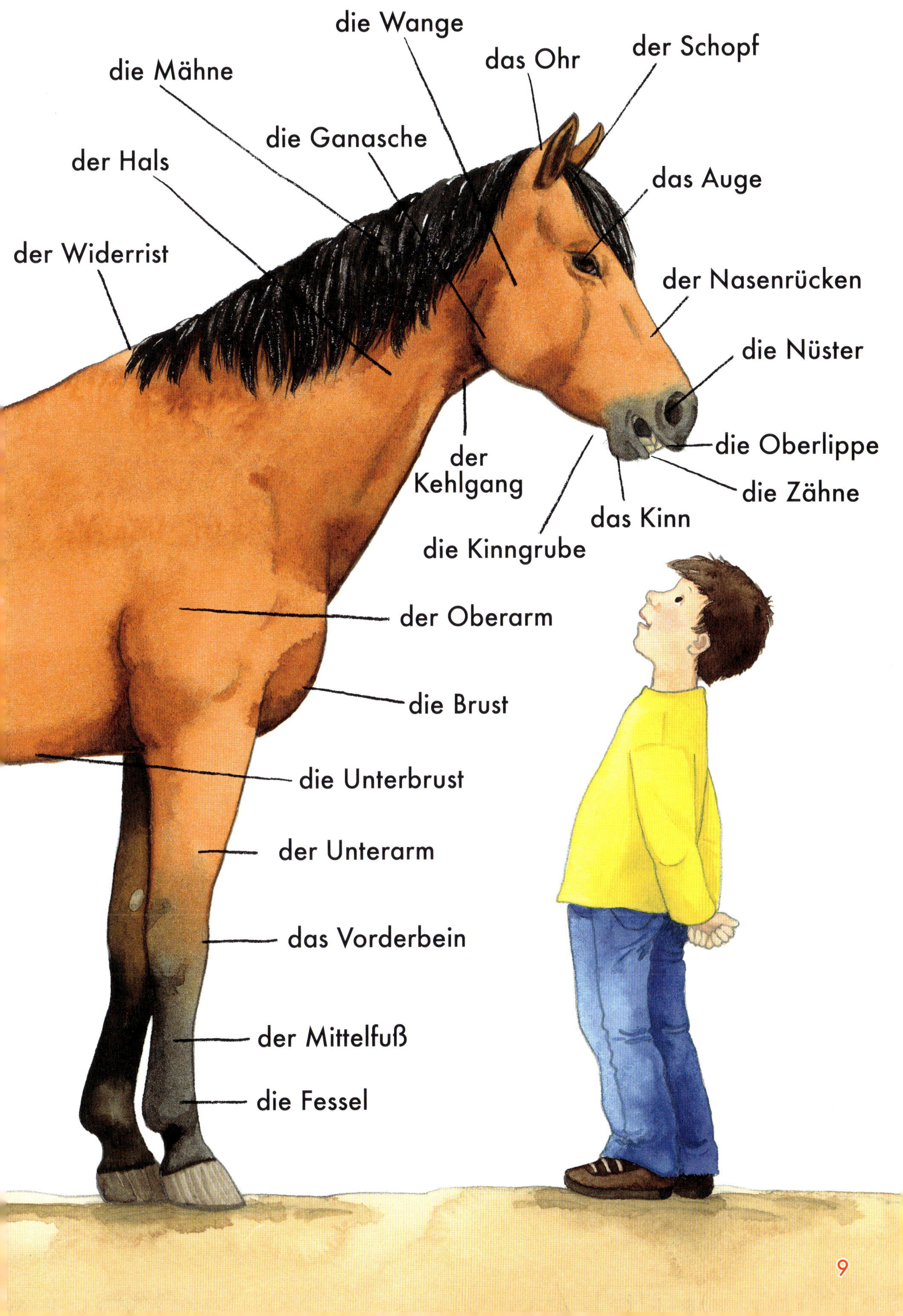

die Wange
die Mähne
das Ohr
der Schopf
die Ganasche
der Hals
das Auge
der Widerrist
der Nasenrücken
die Nüster
der Kehlgang
die Oberlippe
die Zähne
das Kinn
die Kinngrube
der Oberarm
die Brust
die Unterbrust
der Unterarm
das Vorderbein
der Mittelfuß
die Fessel

Die Sinne der Pferde

Pferde sind Fluchttiere. Sie fliehen, sobald sie Gefahr wittern. Dabei helfen ihnen ihr Gehör, ihre Augen und ihre Nase. Fühlen und schmecken können Pferde natürlich auch. Nur das Schaukelpferd nicht – wo ist es eigentlich?

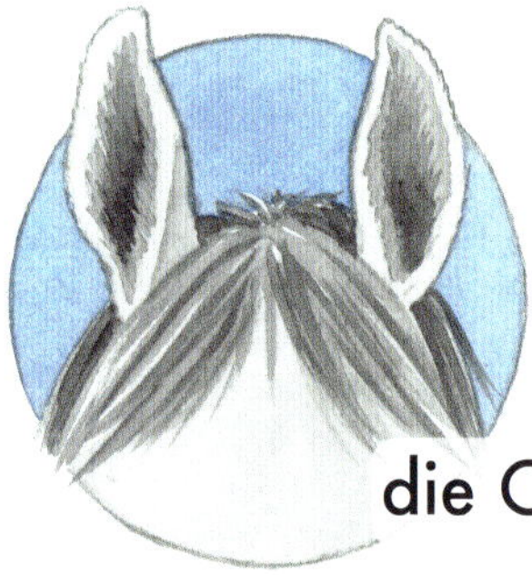
die Ohren

Pferde hören viel besser als Menschen. Sie mögen es gerne, wenn wir sanft, leise und freundlich zu ihnen sprechen.

die Augen

Die Augen sitzen an den Seiten des Pferdekopfes. Daher können sie gut sehen, was um sie herum geschieht. Aber was direkt vor und direkt hinter ihnen passiert, können Pferde nicht sehen. Um sie nicht zu erschrecken, sollte man sich ihnen deshalb nie direkt von vorne oder direkt von hinten nähern.

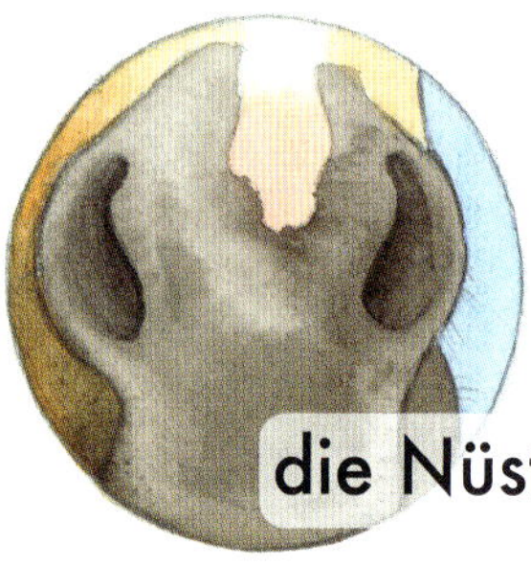
die Nüstern

Die Nasenöffnungen von Pferden heißen Nüstern. Pferde können viel besser riechen als Menschen.

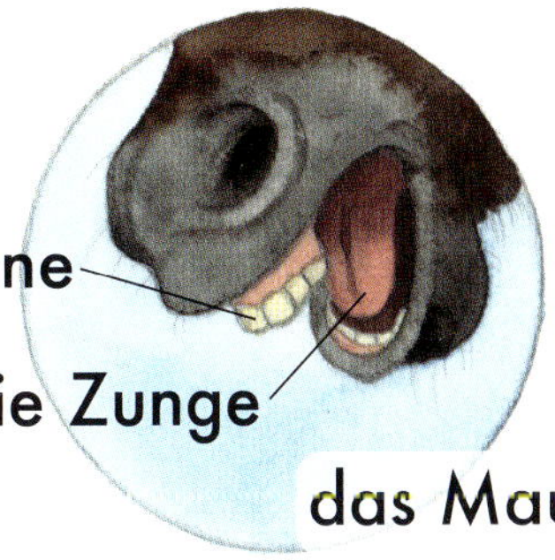

Auch Pferde haben Lieblingsspeisen: Süße und saure Sachen schmecken ihnen besonders gut. Auch Salz mögen sie gerne und den Geschmack von rostigem Eisen.

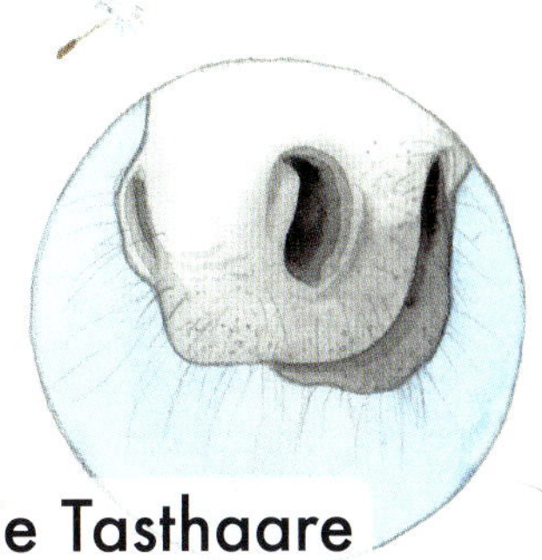

Pferden wachsen rund um das Maul und die Nüstern lange Haare. Sie heißen Tasthaare. Sie helfen ihnen, die Umgebung abzutasten und das richtige Futter auszusuchen. Die Haare um die Augen halten Fremdkörper ab, zum Beispiel Staub und herumfliegende Heuhalme.

Pferde sind sehr empfindsam und fühlen die leichtesten Berührungen. Sie merken sogar, wenn eine Fliege auf ihrem Rücken landet. Sie mögen es gerne, wenn man sie streichelt, krault und leicht auf den Hals klopft.

Die Fellfarbe

Pferde haben unterschiedliche Fellfarben. Jede Farbe hat einen bestimmten Namen. Eine Farbe heißt wie ein ganz anderes Tier. Es hat sich auf diesem Bild versteckt. Findest du es?

der Lichtfuchs
der Schimmel
der Fuchs
der Rotschimmel
der Rappe
der Schecke

Die Abzeichen

Manche Pferde haben weiße Stellen am Kopf oder an den Beinen. Diese Stellen heißen Abzeichen. Sie sind so einzigartig wie bei uns Menschen der Fingerabdruck.

die Flocke

der Stern

die Blume

das Flämmchen

der Keilstern

das Milchmaul

die Schnippe

das Krötenmaul

das Mehlmaul

Abzeichen, die vom Maul zur Stirn laufen, heißen Blesse. Blessen können unterschiedlich breit sein.

der Strich

die kurze Blesse

die Laterne

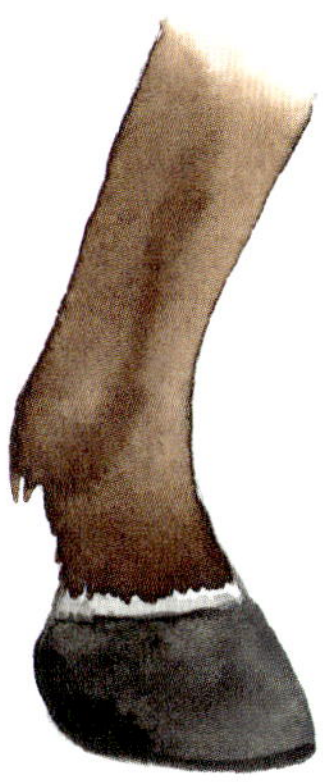

weißer Kronenrand

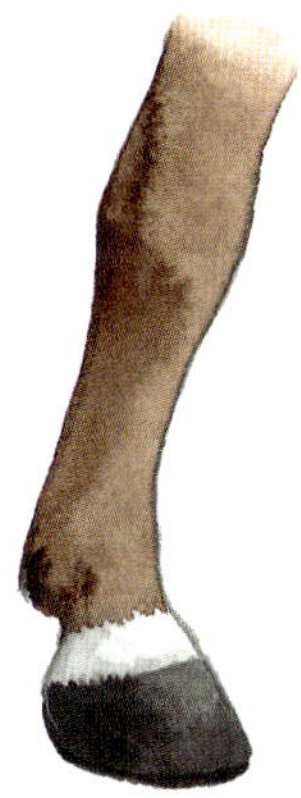

halbweiße Fessel

weiße Fessel

halbweißer Fuß

weißer Fuß

Der Aalstrich auf dem Pferderücken ist schwarz.

Die Pferdesprache

Natürlich können Pferde nicht sprechen. Aber mit ihrem Körper zeigen sie deutlich, wie es ihnen geht und in welcher Stimmung sie gerade sind. Ein guter Reiter versucht immer, die Körpersprache seines Pferdes zu verstehen.

angespannt, wachsam

entspannt

unterwürfig

freundschaftlich

angriffsbereit

drohend

krank,
traurig

abwehrend

Die Gangarten

Der Trab ist schneller als der Schritt, aber langsamer als der Galopp. Der Trab ist eine „Zweitaktgangart“: Immer zwei Hufe berühren gleichzeitig den Boden, nämlich immer die, die schräg hintereinander liegen.

Am schnellsten bewegt sich ein Pferd beim Galopp. Nach jedem Galoppschritt hat das Pferd für eine kurze Zeit alle vier Beine in der Luft, wie bei einem flachen Sprung.

Der Schritt ist die langsamste Gangart. Beim Schritt setzt das Pferd jedes Bein nacheinander auf: erst ein Vorderbein, dann das schräg dahinter liegende Hinterbein, das andere Vorderbein und schließlich das andere Hinterbein.

Ein Fohlen wird geboren

Der Hengst deckt
die Stute.

Die Stute ist trächtig.
Sie trägt ihr Junges
elf Monate lang in
ihrem Bauch.

Für die Geburt sucht
sich die Stute einen
ruhigen Platz.

Kurz nach der Geburt stellt sich das Fohlen auf. Es ist noch etwas wackelig auf den Beinen.

Nach einem halben Jahr kommt das Fohlen mit anderen Fohlen auf die Weide.

Pferde wachsen sehr schnell. Mit fünf bis sechs Jahren sind sie ausgewachsen.

Gut versorgt

Pferde sind Pflanzenfresser. Sie brauchen regelmäßig gesundes Futter. Ihr Magen ist empfindlich, darum ist es wichtig, dass sie richtig gefüttert werden.

der Apfel

die Karotte

das Stroh

das Kraftfutter

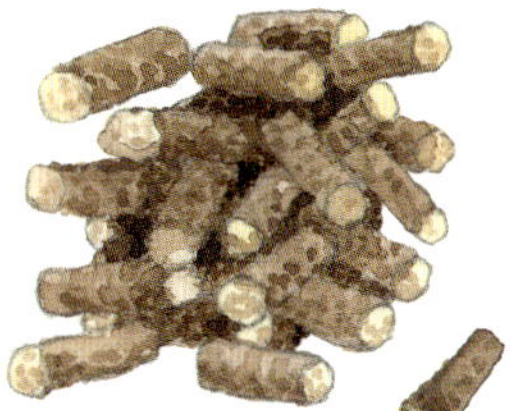

die Pellets

Kraftfutter für Pferde

Normalerweise wird ein Pferd von Gras und Stroh satt. Wenn es allerdings nicht nur den ganzen Tag ruhig auf der Weide steht, sondern sich mehr bewegt, braucht es ein kräftigendes Zusatzfutter.

Giftige Pflanzen

Auch Pferde dürfen nicht alle Pflanzen essen. Kennst du diese giftigen Pflanzen?

Im Stall

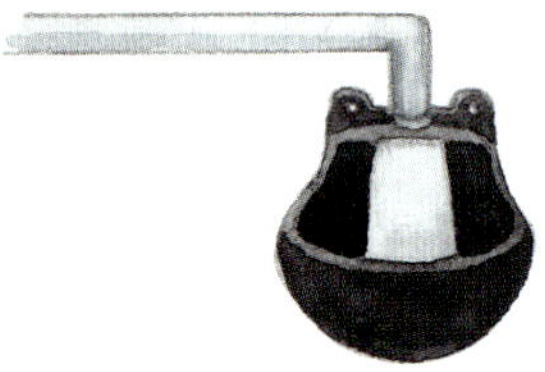
die Wassertränke

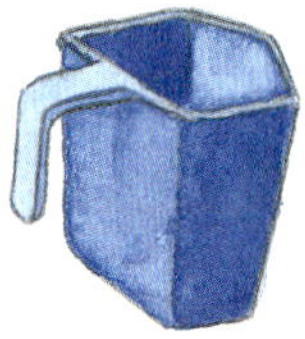
das Futtermaß

die Pferdeäpfel

der Wasser-
schlauch

Pferde können das ganze Jahr über auf der Weide stehen. Auch im Winter ist es ihnen nicht zu kalt. Viele Pferde verbringen den Tag auf der Weide und werden nachts in ihre Box im Stall gebracht.

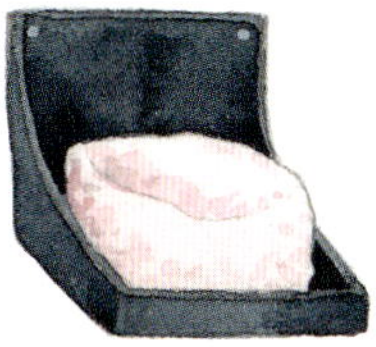
der Salzleckstein

der Futtereimer

der Strohballen

die Schaufel

Die Körperpflege

Striegeln und bürsten befreit das Fell von Staub, Schmutz und Ungeziefer. Fellpflege ist auch gut für die Durchblutung und lockert die Muskeln. Vor dem Reiten ist das Putzen wichtig, damit durch Dreck oder Strohreste unter dem Sattel keine Druck- oder Scheuerstellen entstehen.

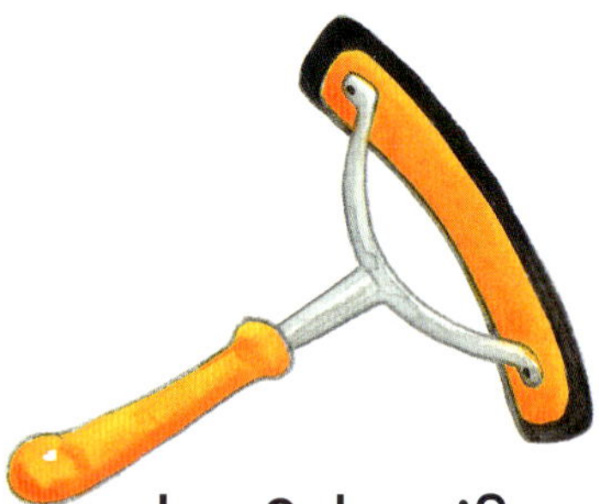

das Schweißmesser

der Striegel

der Hufkratzer

die Kardätsche

das Huföl

der Putzkasten

Nach dem Reiten sollte der Schweiß abgewischt werden, damit das Pferd sich nicht erkältet. Beim Putzen können sich Reiter und Pferd gut kennen lernen.

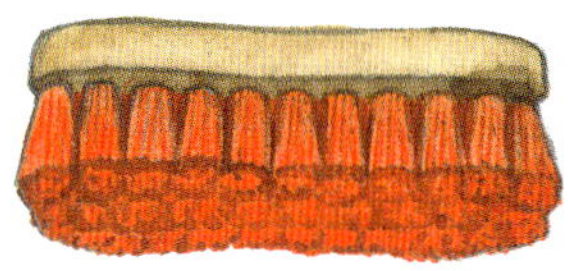

die Wurzelbürste

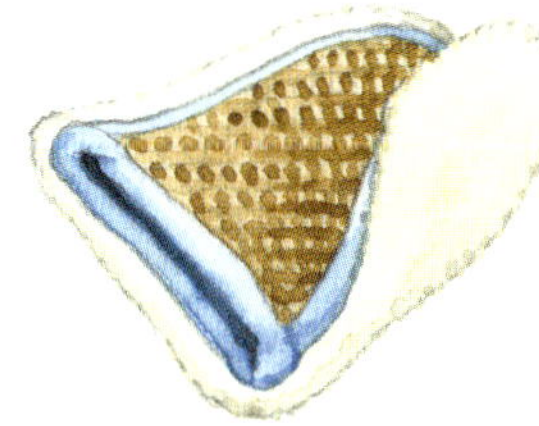

der Putzhandschuh

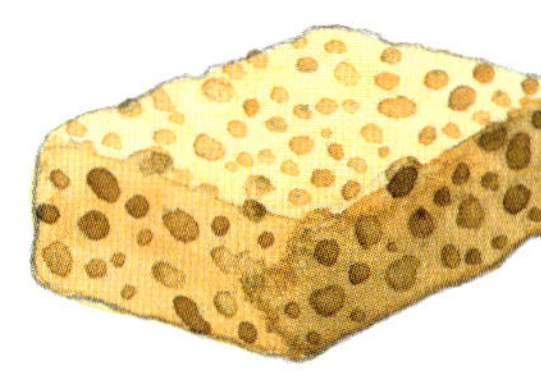

der Schwamm

der Anbindestrick

der Eimer

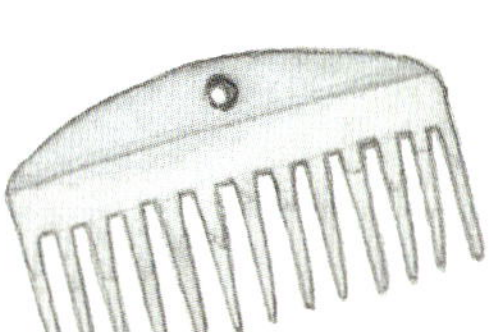

der Mähnenkamm

das Handtuch

die Mähnenbürste

Beim Hufschmied

Das Hufeisen ist für das Pferd, was Schuhe für den Menschen sind.
Neue „Schuhe“ bekommen Pferde vom Hufschmied.

die Hufzange

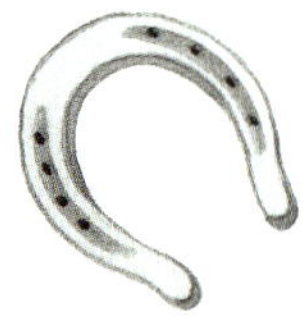
das Hufeisen

die Hufraspel

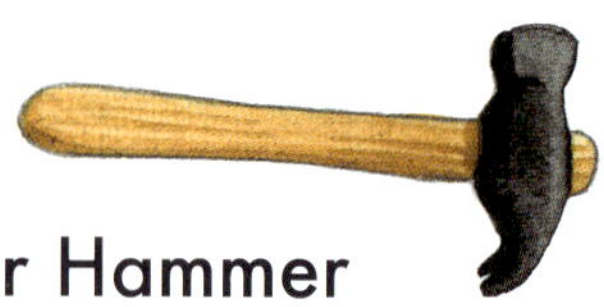
der Hammer

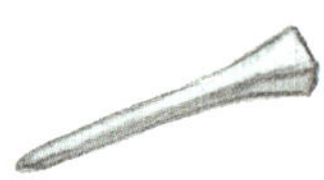
der Hufnagel

Die alten Hufeisen werden entfernt.

Die Hufränder werden gekürzt und die Hufe beschnitten. Das ist für das Pferd wie Fingernagelschneiden für Menschen.

Mit der Hufraspel werden sie geglättet.

Die neuen Eisen werden erhitzt ...

... und auf dem Amboss in Form geschmiedet.

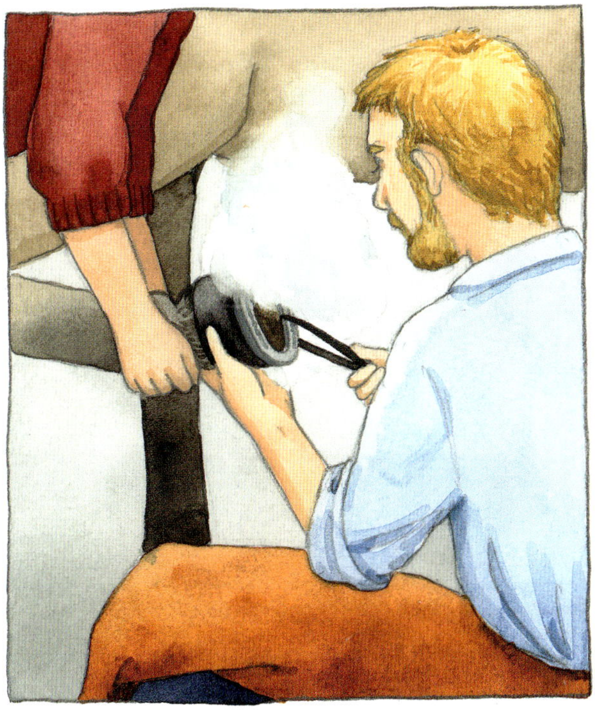

Die neuen Eisen werden aufgebrannt.

Mit Hufnägeln befestigt der Hufschmied sie sicher.

Vor dem Reitunterricht

Vor dem Reitunterricht muss das Pferd gezäumt und gesattelt werden.

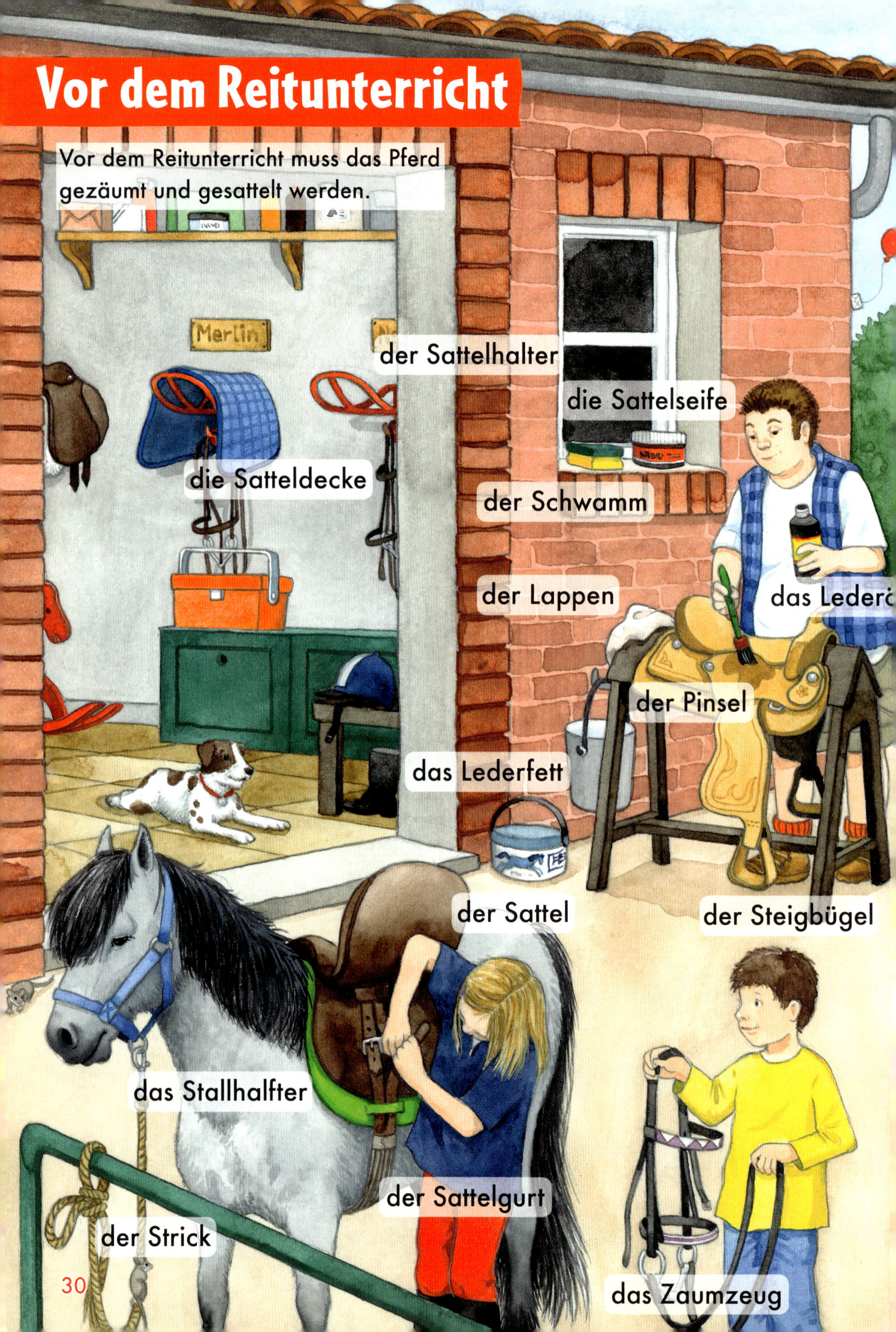

Das Zaumzeug besteht aus Zügel, Halfter und Gebiss. Über das Zaumzeug stellt der Reiter die Verbindung zum Pferd her und kann es mit kleinen Zeichen führen und lenken.

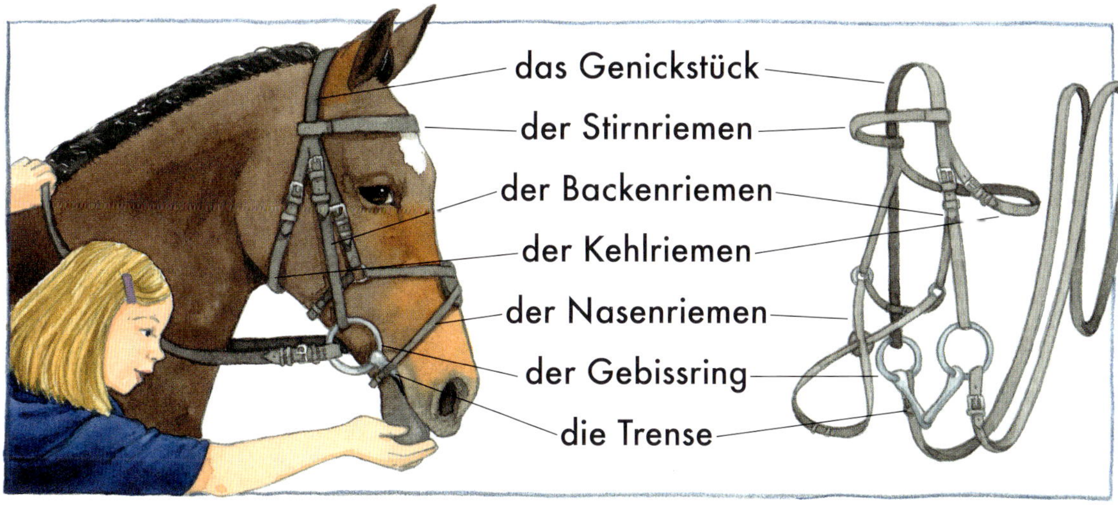

Ein Sattel muss genau passen. Daher braucht jedes Pferd seinen eigenen Sattel. Für verschiedene Reitarten gibt es unterschiedliche Sättel.

Ein Englischer Sattel gibt dem Reiter die Möglichkeit, sich gut zu bewegen.

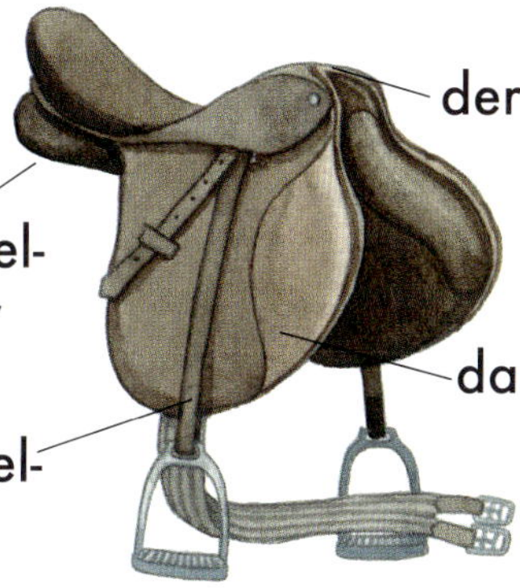

Ein Westernsattel ist bequem für das Pferd und den Reiter. Er ist gut geeignet für lange Ritte.

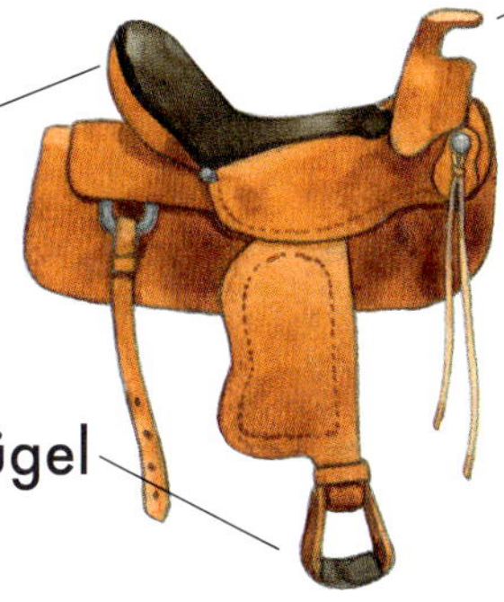

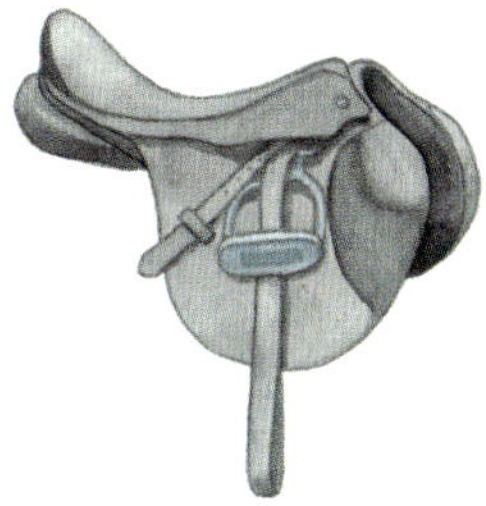

Der Springsattel gibt dem Reiter einen guten Halt beim Springen.

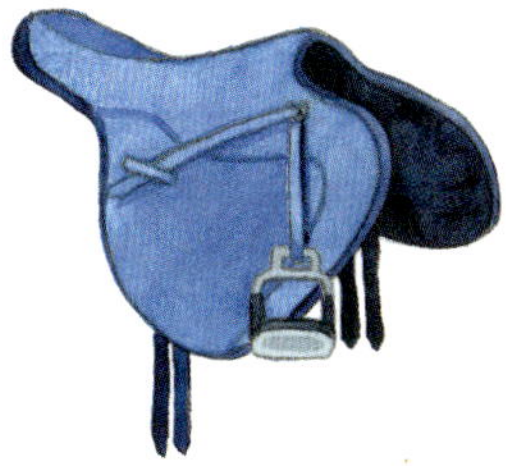

Der Rennsattel ist besonders klein und leicht. Er wird bei Pferderennen benutzt.

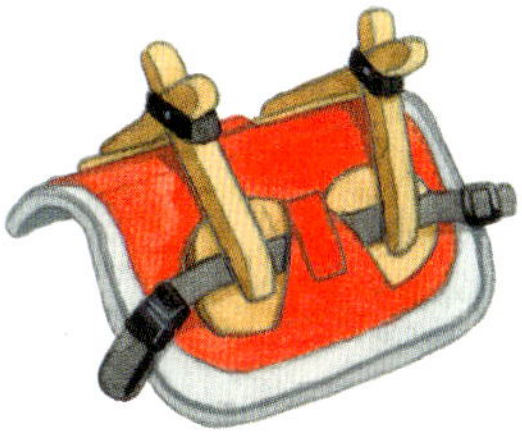

Auf einem Packsattel können Lasten sicher transportiert werden.

Die Reitkleidung

Jeder Reiter braucht passende und bequeme Reitkleidung. Am wichtigsten ist der Reithelm: Er muss gut auf dem Kopf sitzen und immer sicher befestigt werden.

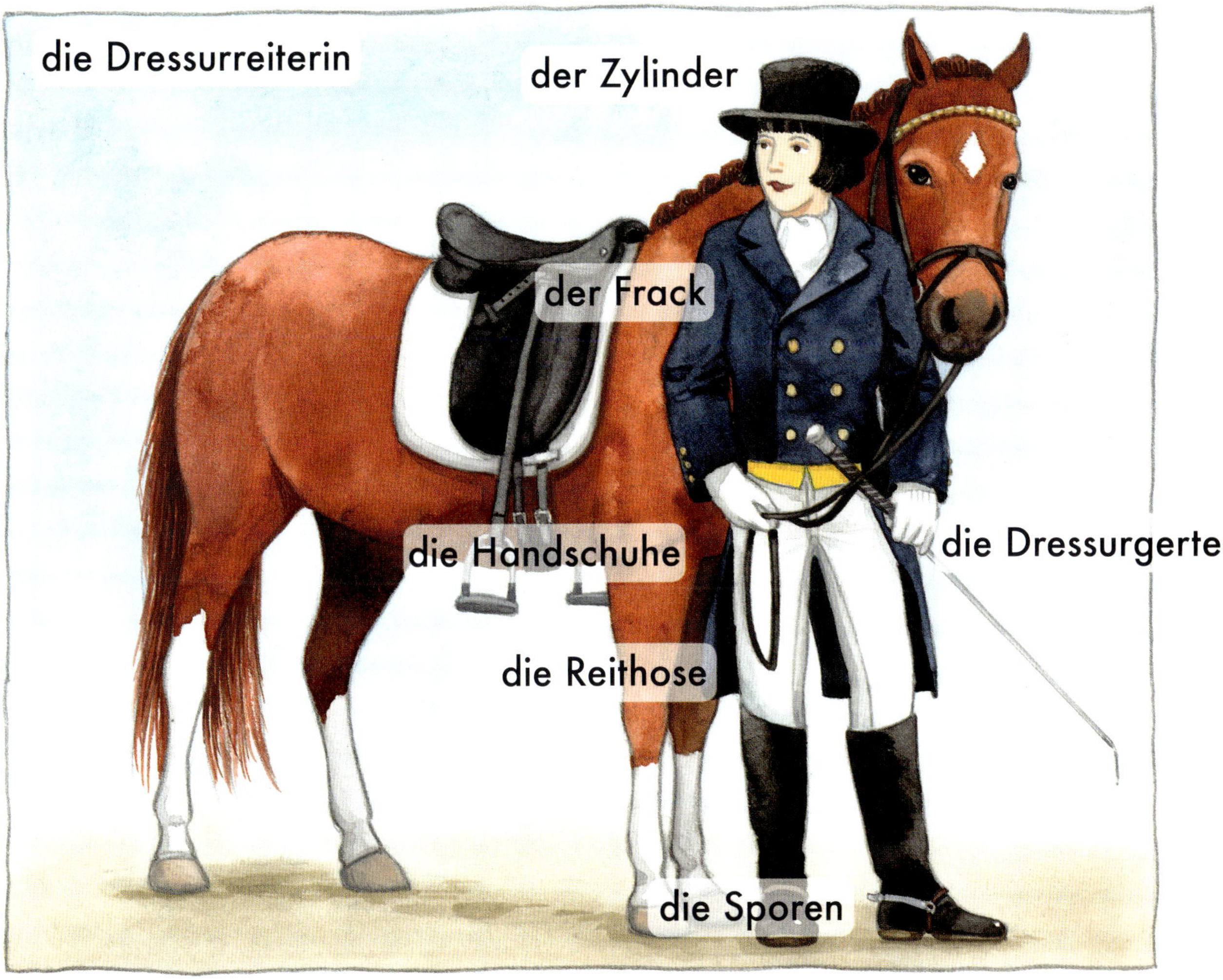
die Dressurreiterin
der Zylinder
der Frack
die Handschuhe
die Dressurgerte
die Reithose
die Sporen

beim Ausritt
der Reithelm
die Sicherheitsweste
der Pullover
die Reithose
die Reitstiefel

Beim Reitunterricht

Der Weg, den ein Pferd beim Laufen gehen soll, wird Hufschlag genannt. Hufschlagfiguren geben einen ganz bestimmten Weg für das Pferd vor. Bei der Hufschlagfigur „Ganze Bahn" geht das Pferd direkt an der Bande entlang einmal um die ganze Reitbahn.

die ganze Bahn

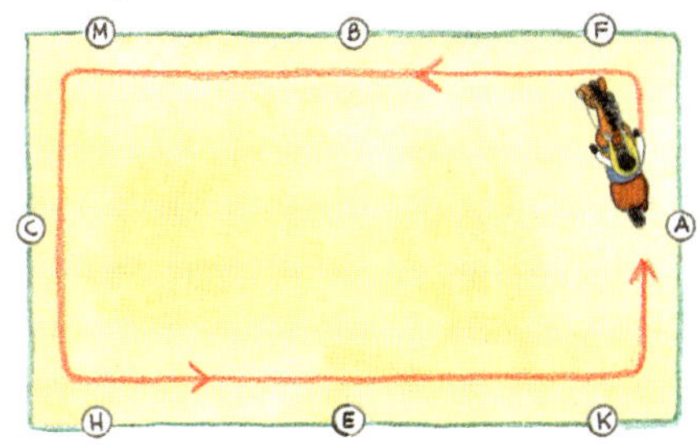

die halbe Bahn

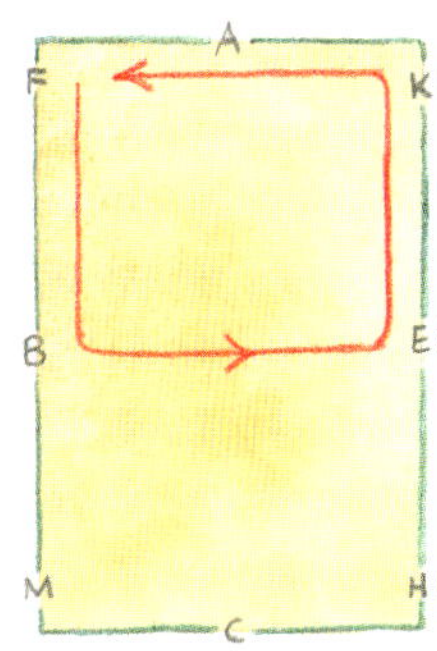

die ganze Bahn wechseln

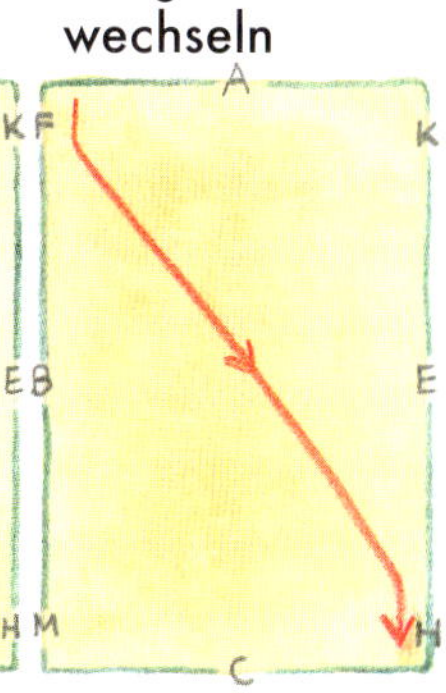

der Zirkel

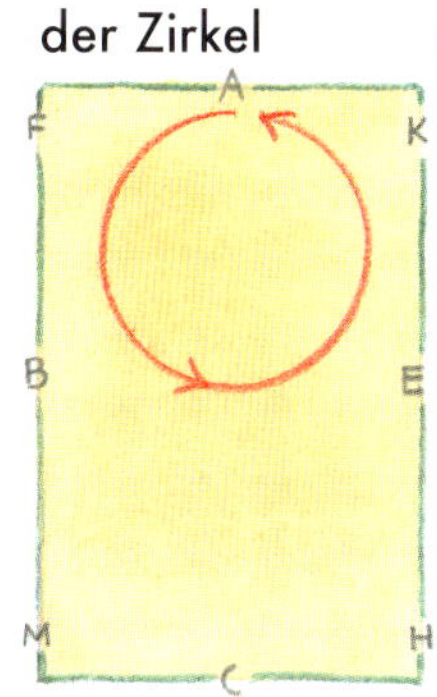

die Volte

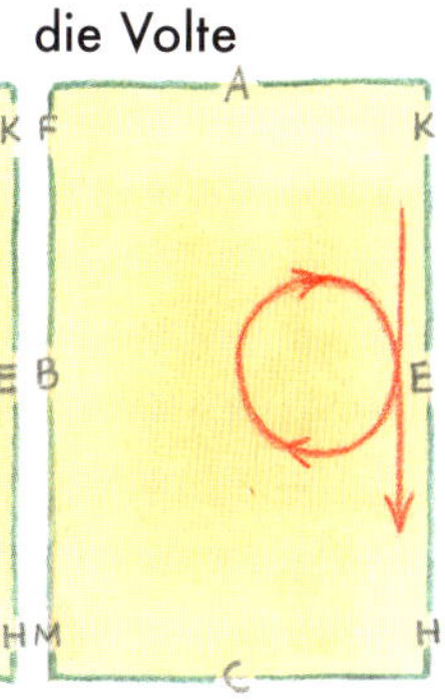

Noch mehr Pferdesport

Das Turnen auf einem geführten Pferd wird Voltigieren genannt. Der Reiter lernt, sicher auf das laufende Pferd zu steigen, Übungen auf dem Pferderücken zu machen und wieder abzusteigen.

Beim Dressurreiten bewegt der Reiter das Pferd im Schritt, Trab oder Galopp auf geraden und gebogenen Linien vorwärts, seitwärts oder auch rückwärts. Ein guter Reiter kann sein Pferd auch schwierige Schrittfolgen gehen lassen.

Beim Springreiten müssen Pferd und Reiter verschiedene Hindernisse so schnell wie möglich überwinden.

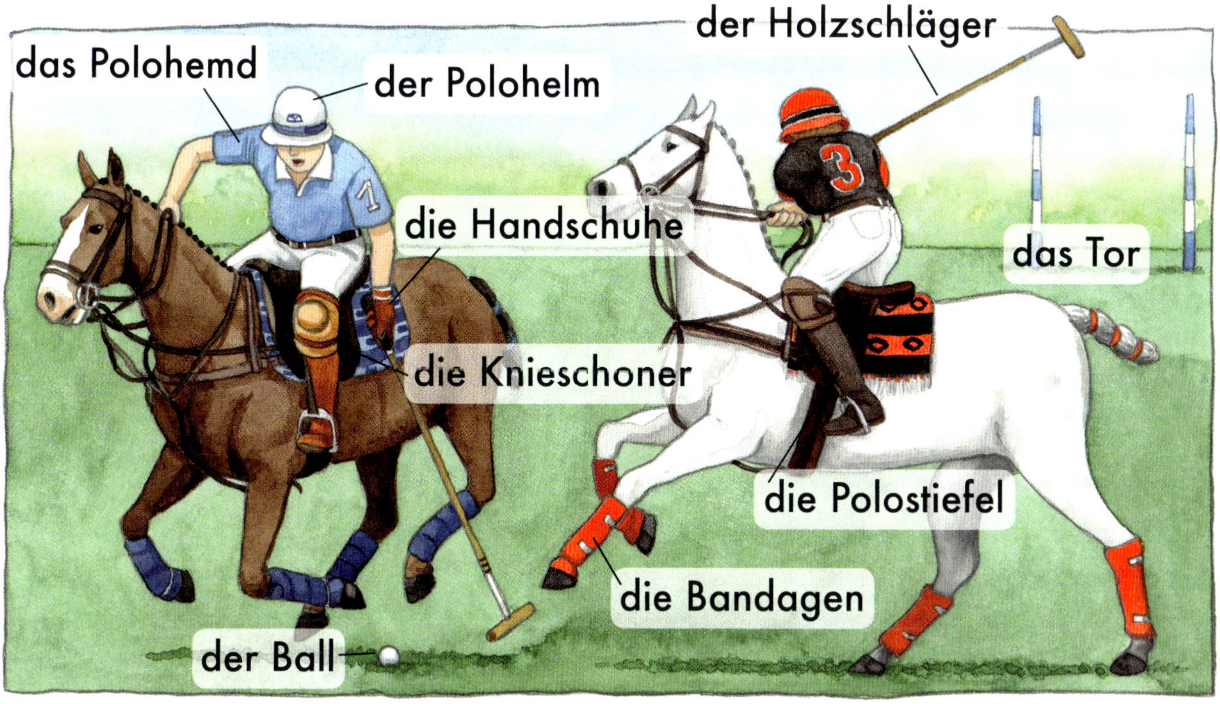

Polo ist ein Ballspiel für Pferde und Reiter. Zwei Mannschaften spielen gegeneinander. Jede Mannschaft besteht aus vier Spielern. Ziel des Spiels ist es, den Poloball vom Pferd aus mit einem Schläger häufiger ins Tor zur schlagen als die gegnerische Mannschaft. Ein Polospiel dauert maximal 60 Minuten.

Pferderennen sind schon lange sehr beliebt. Beim Galopprennen kommt es darauf an, die Rennstrecke möglichst schnell, also im Galopp, zu laufen.

Beim Trabrennen ziehen die trabenden Pferde einen leichten Wagen, den Sulky, hinter sich her.

Helfer des Menschen

Früher, als es noch keine Autos gab, waren Pferde für die Menschen unentbehrlich. Mit ihrer Hilfe konnten lange Strecken zurückgelegt werden. Außerdem trugen oder zogen sie schwere Lasten.

Für Bauern waren Pferde über lange Zeit hinweg wichtige Helfer bei der Feldarbeit. Seitdem es Traktoren und große Erntemaschinen gibt, werden Pferde in der Landwirtschaft kaum noch gebraucht.

Bevor es Lokomotiven und Straßenbahnen gab, zogen Pferde Wagen hinter sich her, in denen Menschen saßen oder standen. Diese Abteilwagen liefen auf Schienen. Wenn die Wagen nicht in Schienen liefen, nannte man sie Pferdeomnibus.

Mit der Postkutsche wurden Post, Gepäck und Menschen befördert.

Neben manchen Flüssen gab es Pfade, auf denen Pferde gehen und ein Schiff gegen die Strömung flussaufwärts ziehen konnten. Diese Wege nannte man Treidelpfade.

Kleine Pferde oder Ponys haben früher in den Bergwerken die schweren Wagen mit Kohle oder Erz gezogen.

Bei der Polizei arbeiten auch heute noch Pferde. Die Polizeipferde bekommen eine ganz besondere Ausbildung, denn sie müssen sich sicher im Straßenverkehr bewegen und dürfen nicht schreckhaft sein.

Die lieben Verwandten

Pferde gehören zur Tierordnung der Unpaarhufer. Unpaarhufer haben eine ungerade Anzahl von Zehen. Pferde haben nur einen Zeh: den Huf. Zur Familie der Pferde gehören Pferde und Ponys, aber auch noch andere Tiere. Kennst du sie?

Esel werden von den Menschen schon seit langer Zeit benutzt um Lasten zu transportieren.

Maultiere und Maulesel sind Kreuzungen aus Esel und Pferd. Das Maultier hat eine Pferdestute als Mutter und einen Eselhengst als Vater, der Maulesel eine Eselstute als Mutter und einen Pferdehengst als Vater.

Zebras leben in Afrika. Es gibt drei verschiedene Arten, die sich vor allem in ihren Streifenmustern unterscheiden: Bergzebras, Grévyzebras und Steppenzebras.

Die Vorfahren

Das Hyracotherium (früher Eohippus genannt) war ungefähr so groß wie ein Fuchs. Es lebte vor etwa 60 Millionen Jahren.

Die Nachkommen des Hyracotheriums wurden mit der Zeit größer und sahen immer mehr aus wie die Pferde, die wir heute kennen. Dazu gehört Mesohippus und Pliohippus. Aber auch sie sind schon lange ausgestorben.

Die letzten lebenden Wildpferde haben einen schwierigen Namen: Przewalski-Pferde. Er wird Pscheewalski-Pferde ausgesprochen. Typisch für das Przewalski-Pferd sind die Stehmähne und der Aalstrich. In freier Wildbahn gibt es diese Wildpferde kaum noch. Wir können sie in einigen Zoos und privaten Tierparks anschauen.

Der Tarpan ist ein ausgestorbenes Wildpferd. Es gibt inzwischen eine nachgezüchtete Ponyrasse, die auch Tarpan heißt und dem ursprünglichen Tarpan ähnlich sieht.

Das Reiterfest

das Wohnhaus
die Kutsche
der Paddock
der Stall
der Pferdeanhänger
der Misthaufen

Wörterliste

K

L

M

N

O

P

Q

R

S

T

U

V

W

Z

In diesem Buch gibt es viel zu entdecken. Auch all diese Figuren und Gegenstände findest du im Buch wieder. Wo sind sie?

Carolin und Vincent lieben Pferde und Ponys und können schon ein bisschen reiten.

Picco ist auch ein großer Pferdefreund. Am liebsten tollt er im Pferdestall herum.

Frau Molli weiß, was Pferde gerne fressen. In ihren Taschen, Körbchen und Tüten findet sich immer eine kleine Leckerei für die Pferde.